D1993732

Monika und Nicole Helbig

Weihnachtliche Serviettentechnik

Dekorationen mit Mod Podge/Servage

frechverlag

Von Monika und Nicole Helbig sind im frechverlag viele weiter Bücher erschienen. Hier eine Auswahl:

TOPP 2613

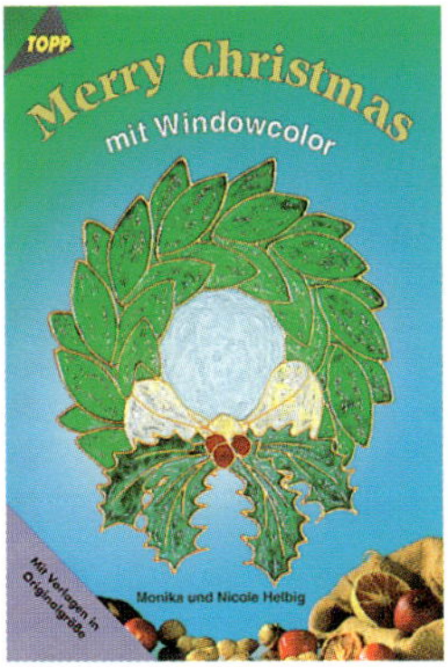

TOPP 2516

TOPP 2381

TOPP 2653

TOPP 2517

TOPP 2524

Wir bedanken uns bei der Firma IHR (Ideal Home Range), Essen/Oldb., für die freundliche Unterstützung.

Fotos: frechverlag GmbH + Co. Druck KG, 70499 Stuttgart;
Fotostudio Ullrich & Co., Renningen

Dieses Buch enthält:
1 Vorlagenbogen

Materialangaben und Arbeitshinweise in diesem Buch wurden von den Autorinnen und den Mitarbeitern des Verlags sorgfältig geprüft. Eine Garantie wird jedoch nicht übernommen. Autorinnen und Verlag können für eventuell auftretende Fehler oder Schäden nicht haftbar gemacht werden. Das Werk und die darin gezeigten Modelle sind urheberrechtlich geschützt. Die Vervielfältigung und Verbreitung ist, außer für private, nicht kommerzielle Zwecke, untersagt und wird zivil- und strafrechtlich verfolgt. Dies gilt insbesondere für eine Verbreitung des Werkes durch Film, Funk und Fernsehen, Fotokopien oder Videoaufzeichnungen sowie für eine gewerbliche Nutzung der gezeigten Modelle.

Auflage:	5.	4.	3.	2.	1.	Letzte Zahlen
Jahr:	2004	2003	2002	2001	2000	maßgebend

© 2000

frechverlag GmbH + Co. Druck KG, 70499 Stuttgart

ISBN 3-7724-2670-0 · Best.-Nr. 2670

Druck: frechverlag GmbH + Co. Druck KG, 70499 Stuttgart

Die Tage werden länger, Weihnachten rückt näher, die beste Zeit, um zu basteln und kreativ zu werden. Haben Sie außerdem Lust, etwas Neues auszuprobieren? Dann haben Sie mit diesem Buch die richtige Wahl getroffen. Denn die Serviettentechnik ist absolut im Trend. Im Handumdrehen können Sie Töpfe und Vasen aus Terrakotta, Bilder und Dosen wunderschön dekorieren.

Wählen Sie einfach aus der Fülle von Servietten, die es im Handel gibt: Entweder klassisch mit Weihnachtssternen oder mit spielenden Eisbären oder lieber nostalgisch mit Nikoläusen und Engeln.

Nehmen Sie dann noch den Kleber dazu, so können Sie die schönsten Sachen machen: Kugeln mit Engelsmotiven schmücken den Baum, auf einem Christrosen-Teller machen sich die Plätzchen besonders gut oder Sie basteln sich Platzsets und Untersetzer im englischen Stil.

Wenn Sie noch schnell ein tolles Weihnachtsgeschenk brauchen, dann liegen Sie mit dem originellen Teddy-Puzzle oder den frechen Elchdosen garantiert richtig. Und wenn Sie mal nicht die Serviette bekommen, die im Buch abgebildet ist - kein Problem! Nehmen Sie irgendeine andere, die Ihnen gefällt und lassen Sie Ihrer Fantasie freien Lauf. Also: Sammeln Sie Servietten, wo Sie nur können!

Ihre Monika & Nicole Helbig

Material

Servietten:
Es gibt sie in den verschiedensten Farben und Formen, mit unzähligen Motiven.
Sie können auch Reste verwenden oder bei Einladungen Ihre Servietten einsammeln. Häufig müssen Sie Motive ansetzen, da die Servietten nicht groß genug sind. So entsteht ein „Puzzle“. Bei hellen Servietten sollte auch die Oberfläche des zu verzierenden Objekts möglichst hell sein, denn sonst kommt das Motiv nicht zur Geltung.

Kleber:
Es wird mit einem weißen, nicht wasserfesten, Kleber (Leim) gearbeitet, z.B. Mod Podge. Es gibt ihn in verschieden großen Flaschen und Dosen sowie matt, glänzend und mit Glitter. Aufgetragen wird er mit einem Pinsel. Diesen Kleber gibt es von verschiedenen Firmen auch unter anderen Namen. Beachten Sie dabei bitte immer die Herstellerhinweise! Siehe auch Seite 5, Serviettentechnik.

Glittereffekt:
Um einen Glittereffekt zu bekommen, benötigen Sie weißen Leim auf Wasserbasis, der mit kleinen Glitterstückchen versetzt ist, z.B. Sparkle Mod Podge. Vor Gebrauch sollte man den Kleber gut schütteln.

Backpapier:
Benötigen Sie zum Aufbügeln der Serviettenmotive auf die zu verzierenden Objekte.

Acrylfarbe:
Diese Farbe brauchen Sie zum Grundieren und Verzieren Ihrer Objekte.
Sie können damit Papier, Holz, Ton usw. bemalen.

Krakeliermedium:
Diese Farbe lässt Ihre Objekte altern. Das Medium kommt zwischen zwei Farbschichten. Wenn die oberste Farbschicht trocknet, dann entsteht der „Crackle Effekt“.
Sie sollten das Krakeliermedium und die Acrylfarbe immer über Nacht trocknen lassen, bevor Sie die Servietten aufkleben. Denn wenn das Medium nicht vollständig durchgetrocknet ist, zerreißt die Serviette.

Bügeleisen:
Mit dem Bügeleisen bügeln Sie die Serviettenmotive auf. Stellen Sie den Temperaturregler auf Baumwolle.

Föhn:
Mit einem Föhn können Sie die Trocknungsvorgänge der einzelnen Farben beschleunigen.

Pinsel:
Zum Auftragen der Farben brauchen Sie jeweils dem Objekt entsprechende Pinsel.
Zum Auftragen des Weißleims, z.B. Mod Podge, verwenden Sie am besten einen breiteren Pinsel.

Lack:
Es gibt Klarlack und Mattlack. Verwenden Sie, was Ihnen am besten gefällt.
Sie überziehen die fertigen Objekte mit Lack, da der benutzte Leim nicht wasserfest ist.

Sie können Terrakotta-Töpfe, Vasen, Bilderrahmen, Dosen und mehr mit der Serviettentechnik reizvoll gestalten.
Bei Terrakotta-Gefäßen sollte der Ton ohne Glasur sein, da sonst der Leim keine gute Haftung bekommen kann.

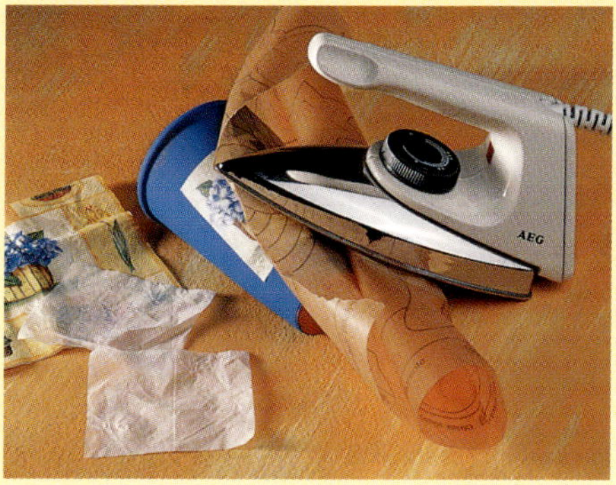

Serviettentechnik

Leimen Sie als Erstes die zu dekorierende Stelle z.B. mit Mod Podge ein, lassen Sie den Leim nun trocknen oder föhnen Sie ihn trocken.
Von der ausgeschnitten Serviette wird nur die oberste Lage verwendet. Legen Sie das ausgeschnittene Motiv auf die geleimte Fläche, decken Sie die Serviette mit Backpapier ab und bügeln Sie sie mit dem Bügeleisen (Einstellung auf Baumwolle) auf.
Der Leim schmilzt durch die Hitze des Bügeleisens und verbindet sich so mit der Serviette. Anschließend lassen Sie das Backpapier leicht abkühlen, bevor Sie es vorsichtig abziehen.
Nun bestreichen Sie die aufgeklebten Servietten nochmals dünn und vorsichtig mit dem Leim. Beginnen Sie dabei in der Mitte und arbeiten Sie sich nach außen vor. Nach dem Trocknen werden zwei Lagen Lack aufgetragen. Lassen Sie jede Lackschicht gut trocknen.
Beachten Sie, dass im Handel verschiedene Produkte, mit denen Sie die Serviettentechnik durchführen können, angeboten werden (z.B. von Rayher, Marabu). Je nach Produkt kann sich die Technik vereinfachen und die Serviette verbindet sich ohne Aufbügeln mit dem Träger.

„Crackle Technik“

ACHTUNG: Dieser Schritt muss immer vor der oben beschriebenen Serviettentechnik durchgeführt werden!

Es ist immer die Farbe des Untergrunds, die bei dieser Technik nachher durch Risse zu sehen ist. Sollte Ihnen die Farbe Ihres Objekts so gefallen wie sie ist, dann müssen Sie den ersten Schritt nicht durchführen.

1. Bemalen Sie das gewünschte Objekt mit einer Acrylfarbe (Grundierung). Lassen Sie diese Farbe vollständig trocknen.

2. Tragen Sie nun eine dicke Schicht Krakeliermedium auf die Stellen auf, die krakeliert werden sollen. Föhnen Sie das Medium trocken. Je dicker Sie das Krakeliermedium auftragen, desto stärker werden die Risse und Sprünge.

3. Nun können Sie die obere Farbschicht mit Acrylfarbe auftragen. Dazu tränken Sie einen dicken Pinsel mit der gewünschten Farbe und tragen sie mit kreisenden Bewegungen auf das Krakeliermedium auf.
Achten Sie darauf, dass Sie nicht zweimal über die gleiche Stelle streichen. Am besten haben Sie den Pinsel immer mit ausreichend Farbe getränkt. Die Risse entstehen unmittelbar beim Trocknen.

Bevor Sie nun mit dem Aufkleben der Serviettenmotive fortfahren, lassen Sie die Farben mindestens einen Tag aushärten.

Beachten Sie die Anleitungen auf Seite 4/5 bei allen Modellen!

Klassischer Muster-Mix

- ❑ Weißleim, z.B. Mod Podge
- ❑ Klarlack

Große Dose:
- ❑ Serviette *„Holly“, cremefarben*
- ❑ Serviette *„Snowman“*, rot
- ❑ Serviette *„Weihnachtskranz“*, gold
- ❑ Pappschachtel, 22 cm ø, 13 cm hoch

Schneiden Sie die Servietten zu und kleben Sie die Stücke auf:
Einen 13 cm breiten Streifen der Serviette „Holly“ für den Dosenkörper, einen 2,5 cm breiten Streifen vom Rand der Serviette „Snowman“ für den Deckelrand und einen Kreis (22 cm ø) aus der Serviette „Weihnachtskranz“ für den Deckel.

Mittlere Dose:
- ❑ Serviette *„Roseleaf“*, grün
- ❑ Serviette *„Holly“*, cremefarben
- ❑ Serviette *„Christmas Day“*, grün
- ❑ Pappschachtel, 20 cm ø, 11 cm hoch

Schneiden Sie die Servietten zu und kleben Sie die Stücke auf:
Einen 10 cm breiten Streifen der Serviette „Roseleaf“ für den Dosenkörper, einen 2 cm breiten Streifen der Serviette „Holly“ für den Deckelrand und einen Kreis (20 cm ø) aus der Serviette „Christmas Day“ für den Deckel.

Kleine Dose:
- ❑ Serviette *„Christmas Day“*, grün
- ❑ Serviette *„Roseleaf“*, grün
- ❑ Serviette *„Holly“*, cremefarben
- ❑ Pappschachtel, 18 cm ø, 8 cm hoch

Schneiden Sie die Servietten zu und kleben Sie die Stücke auf:
Einen 7,5 cm breiten Streifen der Serviette „Christmas Day“ für den Dosenkörper, einen 2 cm breiten Streifen aus der Serviette „Roseleaf“ für den
(Weiter auf Seite 8)

(Fortsetzung von Seite 6)

Deckelrand und einen Kreis (18 cm ø) aus der Serviette „Holly" für den Deckel.

Sterne:

- ❏ Serviette *„Holly"*, cremefarben
- ❏ Serviette *„Christmas Day"*, grün
- ❏ Pappstern, 25 cm groß
- ❏ Pappstern, 20 cm groß

Legen Sie die Serviette ganz über eine Seite des Sterns. Bügeln Sie vorsichtig eine Sternspitze nach der anderen auf. Schneiden Sie die Serviette anschließend an der Kante entlang ab. Die andere Seite des Sterns wird genauso gearbeitet.

Dosen:

- ❏ Serviette *„Friends in the snow"*, blau
- ❏ Rechteckige Holzdose, 15,5 cm x 12,5 cm
- ❏ Rechteckige Holzdose, 13 cm x10 cm
- ❏ Acrylfarbe, blau
- ❏ Pluster-Pen®, weiß

Bemalen Sie die Dosenkörper und Deckelränder (nicht die Deckel!) mit blauer Acrylfarbe. Schneiden Sie die Motive aus der Serviette aus und bekleben Sie die Dosendeckel.
Wenn Dosenkörper und -ränder getrocknet sind, werden diese mit weißem Pluster-Pen® verziert, indem Sie kleine Tupfen als Schneeflocken setzen.

Fröhliche Elche

- ❏ Weißleim, z.B. Mod Podge
- ❏ Klarlack

Herzen

- ❏ Serviette *„Friends in the snow"*, blau
- ❏ Serviette *„Christmas Singers"*, blau
- ❏ Sperrholzplatte, 0,4 cm dick
- ❏ Laubsäge
- ❏ Dekoband, kariert, 1 cm breit, 2 m

Sägen Sie aus der Sperrholzplatte nach der Vorlage Herzen aus. Es gibt zwei verschiedene Größen. Bohren Sie in jedes Herz ein Loch für die Aufhängung.
Bekleben Sie die Herzen beidseitig mit Serviettenmotiven. Wählen Sie Motive aus, die auf das jeweilige Herz passen. Am besten schneiden Sie die Motive zuerst grob aus. Wenn Sie diese dann aufgebügelt haben, schneiden Sie die überstehenden Enden am Herzrand entlang ab. Die Herzen werden mit dem karierten Dekoband aufgehängt.

Winterlandschaft

- ❏ Krakeliermedium
- ❏ Acrylfarbe, weiß
- ❏ Acrylfarbe, hellblau
- ❏ Weißleim, z.B. Mod Podge
- ❏ Klarlack

Bestreichen Sie zuerst die Dachpfanne und den Teller mit weißer Acrylfarbe.
Lassen Sie die Farbe trocknen und tragen Sie anschließend Krakeliermedium auf den Teller und die innere Fläche (nicht auf den Rand) der Dachpfanne auf. Danach bemalen Sie die mit Krakeliermedium versehenen Flächen mit hellblauer Acrylfarbe. Nachdem die Farben mindestens einen Tag lang ausgehärtet sind, werden die Gegenstände mit Servietten beklebt.

Teller:

- ❏ Serviette *„Snowman"*, rot
- ❏ Holzteller, 16 cm ø

Schneiden Sie aus den Servietten einen Schneemann und einen Tannenbaum aus.

Dachpfanne:

- ❏ Serviette *„Gingerbread House"*, rot
- ❏ Dachpfanne
- ❏ Pluster-Pen®, weiß
- ❏ Schneespray

Schneiden Sie aus den Servietten "Snowman" und „Gingerbread House" einen Schneemann, eine Schneemanngruppe und ein Knusperhäuschen aus.
Nach dem Aufkleben der Motive verzieren Sie den unteren Rand der Dachpfanne mit Schneespray. Setzen Sie mit dem Pluster-Pen® kleine weiße Schneeflocken in das Motiv.

Bezaubernde Weihnachtssterne

- ❏ Weißleim, z.B. Mod Podge
- ❏ Klarlack

Säule

- ❏ Serviette *„Weihnachtsstern“*, rot
- ❏ Säule aus Pappe, 31 cm hoch
- ❏ Steinfarbe, gold

Bestreichen Sie die Säule mit goldener Steinfarbe. Schneiden Sie dann Streifen aus dem Rand der Serviette „Weihnachtsstern“ aus. Diese Streifen platzieren Sie am Sockel und Kapitellrand. Wählen Sie für die Abstellfläche ein Motiv aus der Serviette.

Vase

- ❏ Serviette *„Christmas Day“*, grün
- ❏ Serviette *„Winter Flowers“*, grün
- ❏ Vase aus Pappe, 23 cm hoch
- ❏ Krakeliermedium
- ❏ Acrylfarbe, gold
- ❏ Acrylfarbe, creme

Bestreichen Sie die Vase mit goldener Acrylfarbe. Lassen Sie die Farbe gut trocknen und tragen Sie anschließend Krakeliermedium auf. Sparen Sie dabei einen 2 cm breiten Streifen am Vasenrand aus. Danach bemalen Sie die mit Krakeliermedium versehenen Flächen mit cremefarbener Acrylfarbe.
Nun folgt die Verzierung der Vase mit den Servietten. Aus der Serviette „Christmas Day“ schneiden Sie einen 2 cm breiten Streifen aus, den Sie unterhalb des goldenen Vasenrands platzieren. Aus der Serviette „Winter Flowers“ schneiden Sie einen Weihnachtsstern aus, den Sie wie abgebildet auf der Vase fixieren.

Kugel

- ❏ Serviette *„Weihnachtsstern“*, rot
- ❏ Styroporkugel, 15 cm ø
- ❏ Krakeliermedium
- ❏ Acrylfarbe, gold
- ❏ Acrylfarbe, creme
- ❏ Satinband, rot, 0,3 cm breit, 1m
- ❏ Juteband *„Weihnachtsstern“*, 5 cm breit, 1 m

Bestreichen Sie die Kugel mit goldener Acrylfarbe. Lassen Sie die Farbe trocknen und tragen Sie anschließend Krakeliermedium auf. Danach versehen Sie die Kugel mit cremefarbener Acrylfarbe. Schneiden Sie ein Motiv aus der Serviette aus und fixieren Sie es. Verzieren Sie die Kugel mit einer Schleife aus Juteband und bringen das Satinband zur Aufhängung an. Benutzen Sie dazu eine Krampe, die in die Kugel geklebt wird und als Öse dient.

Spiel mit mir!

(Abbildung Seite 14/15)

- ❏ Weißleim, z.B. Mod Podge
- ❏ Klarlack

Puzzles und Bild

- ❏ 3 Servietten *„Lampiona“*, blau
- ❏ Weißleim mit Glitter, z.B. Sparkle Mod Podge
- ❏ 3 Sperrholzplatten, 0,4 cm dick, 32 cm x 32 cm,
- ❏ Weihnachtliches Dekoband, blau, 4 cm breit, 1 m
- ❏ Cutter

Schneiden Sie an den Servietten 0,5 cm vom Rand ab, damit die Servietten genauso groß sind wie die Holzplatten.
Die Platte für das Bild streichen Sie mit Weißleim ein und bügeln das Serviettenmotiv auf.
Anschließend streichen Sie eine Schicht Glitter-Weißleim über die Serviette. Binden Sie aus dem Dekoband eine Schleife und kleben diese als Aufhängung hinter das Bild.

(Weiter auf Seite 14)

(Fortsetzung von Seite 12)

Puzzles:

Puzzle mit großen Teilen:
Eine Holzplatte in vier Holzteile mit den Maßen 16 cm x 16 cm zersägen.

Puzzle mit kleinen Teilen:
Eine Holzplatte wird in 64 Teile zersägt, die jeweils die Maße 4 cm x 4 cm haben.

Dann streichen Sie die Puzzleteile mit Weißleim ein. Lassen Sie den Kleber trocknen. Anschließend legen Sie die Puzzleteile gut aneinander, sodass Sie zwei 32 cm x 32 cm große Flächen erhalten. Legen Sie jeweils eine Serviette auf jedes Puzzle und bügeln Sie die Serviette fest. Schneiden Sie die Einzelteile nun vorsichtig mit einem Cutter auseinander. Nun tragen Sie eine Schicht Glitter-Weißleim auf. Zuletzt lackieren Sie die Puzzleteile. Achten Sie darauf, dass die Einzelteile gut mit Lack eingestrichen sind, damit die Kinder beim Spielen keinen Glitter an die Finger und somit in den Mund bekommen können.

Dose für die Puzzleteile

- ❑ Serviette *„Lucas“*, blau
- ❑ Runddeckeltruhe aus Pappe, 17 cm x 12,5 cm

Bei dieser Dose wird nur der Deckel mit dem Serviettenmotiv verziert. Allerdings muss an einer Seite des Deckels der schmale grüne Randstreifen angesetzt werden.

Weihnachtliche Tischdekoration

(Anleitung Seite 18)

Weihnachtliche Tischdekoration

(Abbildung Seite 16/17)

- ❑ Weißleim, z.B. Mod Podge
- ❑ Klarlack

Tischsets und Untersetzer

- ❑ Serviette *„Christmas Day"*, grün
- ❑ Serviette *„Roseleaf"*, grün
- ❑ Serviette *„Versailles"*, rot
- ❑ Serviette *„Tannenkranz"*, gold
- ❑ Serviette *„Gala"*, rot
- ❑ Serviette *„Weihnachtskranz"*, gold
- ❑ Serviette *„Rose Noel"*, grün
- ❑ Serviette *„Holly"*, creme
- ❑ Serviette *„Pietre Dure"*, rot
- ❑ Sperrholzplatten, 0,4 cm dick
- ❑ Filz

Aus Sperrholz sägen Sie vier Platzsets 30 cm x 40 cm und vier Untersetzer 10 cm x 10 cm aus.
Dann fertigen Sie zuerst die vier Untersetzer an, indem Sie aus den Servietten „Holly", „Roseleaf", „Pietre Dure" und „Rose Noel" jeweils ein Motiv ausschneiden, dass 11,5 cm x 11,5 cm groß ist. Die Motivquadrate schneiden Sie an jeder Ecke und von jeder Seite 0,7 cm tief ein. Beachten Sie die Vorlage. Somit ergeben sich vier Ecken, die Sie beim Aufbügeln umknicken können.

Bei den Platzsets gehen Sie ebenso vor. Allerdings schneiden Sie nur die beiden Randstreifen an den äußeren Seiten ein. Die Randstreifen sind jeweils 4 cm breit und werden an die ganze Serviette in der Mitte des Platzsets angesetzt.

Die Platzsets setzen sich wie folgt (von links oben bis rechts unten) zusammen:

Platzset 1: Serviette „Versailles" in der Mitte und für die zwei Randstreifen.

Platzset 2: Serviette „Weihnachtskranz" in der Mitte und Serviette „Tannenkranz" für die zwei Randstreifen.

Platzset 3: Serviette „Tannenkranz" in der Mitte und Serviette „Gala" für die zwei Randstreifen.

Platzset 4: Serviette „Christmas Day" in der Mitte und Serviette „Roseleaf" für die zwei Randstreifen.

Damit die Sets und Untersetzer keine Kratzer verursachen, kleben Sie Filz auf die unteren Flächen.

Vase

- ❑ Serviette „Rose Noel"
- ❑ Terrakotta-Vase, 12 cm ø, 15 cm hoch
- ❑ Krakeliermedium
- ❑ Acrylfarbe, grün
- ❑ Acrylfarbe, gold

Bemalen Sie die Vase mit roter Acrylfarbe. Anschließend tragen Sie Krakeliermedium auf die getrocknete Farbe auf. Malen Sie mit goldener Acrylfarbe darüber. Den Vasenrand belassen Sie in Rot.
Aus der Serviette „Rose Noel" schneiden Sie ein 9 cm x 10 cm großes Motiv aus, das auf die Vase geklebt wird.

Stecker:

- ❑ Serviette *„Roseleaf"* grün
- ❑ Serviette *„Holly"*, creme
- ❑ Serviette *„Gala"*, rot
- ❑ Tannenstecker, groß und klein
- ❑ Sternstecker
- ❑ Acrylfarbe, grün

Bügeln Sie auf eine Seite der Stecker jeweils die Serviette auf. Überstehende Ränder werden abgeschnitten. Bei den anderen Seiten der Stecker verfahren Sie genauso.
Zuletzt bemalen Sie die Stiele und Ränder mit grüner Acrylfarbe.

Geschenkdose

- ❏ Serviette *„Rose Noel"*, grün
- ❏ Serviette *„Gala"*, rot
- ❏ Dose „Tannenbaum", 21 cm groß
- ❏ Krakeliermedium
- ❏ Acrylfarbe, grün
- ❏ Acylfarbe, rot
- ❏ Weißleim, z.B. Mod Podge
- ❏ Weißleim mit Glitter, z.B. Sparkle Mod Podge
- ❏ Klarlack

Bemalen Sie die Dose zuerst mit grüner Acrylfarbe, anschließend mit Krakeliermedium und zuletzt mit roter Acrylfarbe.
Dann verzieren Sie die bemalte Dose mit Servietten. Aus der Serviette „Rose Noel" schneiden Sie ein Blütenmotiv aus, das Sie mit Glitter-Weißleim auf dem Dosendeckel befestigen. Aus der Serviette „Gala" schneiden Sie einen 6 cm breiten Streifen mit Sternenmotiven aus, den Sie am unteren Rand der Dose entlang festkleben.

Blicke in ein adventlich geschmücktes Haus

- ❑ Serviette *„Welcome"*, gold
- ❑ Krakeliermedium
- ❑ Weißleim, z.B. Mod Podge
- ❑ Klarlack

Flügelwand

- ❑ Flügelwand aus Holz, 26 cm x 40 cm
- ❑ Acrylfarbe, weiß
- ❑ Acrylfarbe, creme
- ❑ Naturbast

Bemalen Sie die Holzteile mit weißer Acrylfarbe. Lassen Sie die Farbe trocknen und tragen Sie Krakeliermedium auf. Danach bemalen Sie die Flächen mit cremefarbener Acrylfarbe. Schneiden Sie zwei Fenster, eine Tür, zwei Laternen und ein Päckchen aus der Serviette aus. Kleben Sie die Serviettenmotive wie abgebildet auf die Flügelwände.

Bild

- ❑ Holzbilderrahmen mit Hintergrundplatte, 21,5 cm x 21,5 cm
- ❑ Acrylfarbe, gold
- ❑ Acrylfarbe, creme

Bemalen Sie den Rahmen und den Hintergrund mit goldener Acrylfarbe. Anschließend tragen Sie Krakeliermedium auf den Rahmen auf. Nachdem das Krakeliermedium getrocknet ist, bemalen Sie den Rahmen mit cremefarbener Acrylfarbe. Dann schneiden Sie das Türmotiv aus der Serviette aus und kleben es auf die Hintergrundplatte des Bildes.

Dose

- ❑ Serviette *„Santa Claus"*, rot
- ❑ Dose „Tannenbaum", 17 cm groß
- ❑ Krakeliermedium
- ❑ Acrylfarbe, creme
- ❑ Acrylfarbe, terrakotta
- ❑ Weißleim, z.B. Mod Podge
- ❑ Klarlack

Bemalen Sie die Dose mit Acrylfarbe in Terrakotta. Nach dem Trocknen der Farbe überziehen Sie die Dose mit Krakeliermedium. Auch diese Schicht muss vollständig getrocknet sein, bevor Sie die Dose mit cremefarbene Acrylfarbe überziehen.
Aus der Serviette schneiden Sie den Nikolaus mit dem Schaukelpferd aus und fixieren ihn auf dem Dosendeckel.

Verschneite Christrosen

- ❑ Serviette *„Hellebores“*
- ❑ Weißleim, z.B. Mod Podge

Dachpfanne und Holzteller

- ❑ Dachpfanne
- ❑ Holzteller, 18 cm ø
- ❑ Krakeliermedium
- ❑ Acrylfarbe, orange
- ❑ Acrylfarbe, creme
- ❑ Weißleim mit Glitter, z.B. Sparkle Mod Podge
- ❑ Klarlack

Bemalen Sie die Dachpfanne und den Holzteller mit orangefarbener Acrylfarbe.
Wenn die Farbe getrocknet ist, tragen Sie Krakeliermedium auf. Danach folgt eine Schicht Acrylfarbe in Creme. Bei dem Teller sparen sie den Rand aus. Er soll in Orange bleiben. Schneiden Sie nun die Motive aus den Servietten aus und fixieren Sie diese wie abgebildet auf dem Teller und der Dachpfanne. Eventuell müssen Sie bei der Dachpfanne das Motiv zusammensetzen.
Zuletzt bearbeiten Sie Dachpfanne und Teller mit Glitter-Weißleim und Klarlack.

Dose

- ❑ Dose „Stern“, 21 cm groß
- ❑ Acrylfarbe, blau

Bei der Sterndose bestreichen Sie zuerst den Dosendeckel mit Leim. Dann legen Sie die Serviette über den Deckel und bügeln sie fest. Schneiden Sie die überstehenden Enden am Rand entlang ab. Erst jetzt übermalen Sie nur den Deckelrand mit blauer Acrylfarbe. Der untere Teil der Dose wird mit einem 10 cm breiten Streifen des Blumenmotivs der Serviette beklebt.

Festliche Granatäpfel

- ❑ Krakeliermedium
- ❑ Weißleim, z.B. Mod Podge
- ❑ Klarlack

Blumentopf

- ❑ Serviette *„Pietre Dure“*, rot
- ❑ Serviette *„Gala“*, rot
- ❑ Tontopf, 20 cm ø, 18 cm hoch
- ❑ Acrylfarbe, grün
- ❑ Acrylfarbe, rot

Bemalen Sie den Topf zuerst mit grüner Acrylfarbe. Wenn die Farbe getrocknet ist, folgt eine Schicht Krakeliermedium, sparen Sie dabei den Topfrand aus. Anschließend bemalen Sie diese Fläche mit roter Acrylfarbe. Schneiden Sie aus der Serviette „Pietre Dure“ ein Motiv aus und befestigen Sie es auf dem Topf. Aus der Serviette „Gala“ schneiden Sie einen 1 cm breiten Streifen aus, den Sie um den Topfrand kleben.

Dose

- ❑ Serviette *„Pietre Dure“*, rot
- ❑ Serviette *„Christmas Day“*, grün
- ❑ Pappdose, 20 cm ø, 10 cm hoch
- ❑ Acrylfarbe, rot
- ❑ Acrylfarbe, weiß
- ❑ Weißleim mit Glitter, z.B. Sparkle Mod Podge

Bemalen Sie die Dose und den Deckel mit roter Acrylfarbe. Lassen Sie die Farbe trocknen. Dann bestreichen Sie den Dosendeckel mit Krakeliermedium. Nachdem die Farbe getrocknet ist, bemalen Sie den Deckel mit weißer Acrylfarbe. Aus der Serviette „Pietre Dure“ schneiden Sie ein Motiv für den Deckel aus, aus der Serviette „Christmas Day“ einen 4,5 cm breiten Streifen für den Dosenkörper.
Befestigen Sie die Serviettenmotive mit Glitter-Weißleim.

Teller

- ❑ Serviette *„Pietre Dure“*, rot
- ❑ Pappteller, 28 cm ø
- ❑ Acrylfarbe, grün
- ❑ Acrylfarbe, rot

Bemalen Sie den Teller mit grüner Acrylfarbe. Lassen Sie die Farbe trocknen, bevor Sie das Krakeliermedium auftragen. Nachdem auch diese Farbschicht getrocknet ist, bemalen Sie den Teller mit roter Acrylfarbe. Zuletzt applizieren Sie ein Motiv der Serviette „Pietre Dure“ in die Tellermitte.

Himmlische Engel

(Abbildung Seite 26/27)

- ❑ Weißleim, z.B. Mod Podge
- ❑ Klarlack

Topf mit Herz

- ❑ Serviette *„Angel's Song“*, bordeaux
- ❑ Serviette *„Little Angels“*, silber
- ❑ Topf, cremefarben, 12 cm ø, 21 cm hoch
- ❑ Styroporherz, 15 cm groß
- ❑ Goldenes Gestrüpp
- ❑ Steckschwamm
- ❑ Drahtring, 25 cm ø
- ❑ Efeugirlande
- ❑ Draht
- ❑ Krakelierlack
- ❑ Acrylfarbe, gold
- ❑ Acrylfarbe, creme

Schneiden Sie ein Motivfeld aus der Serviette „Angel's Song“ aus und fixieren es auf dem Topf.
Anschließend befestigen Sie den Steckschwamm im Topf und binden einen kleinen Kranz aus Gestrüpp, den Sie auf den Topfrand kleben. Aus Draht biegen Sie ein Herz, das dann mit der Efeugirlande umwickelt wird. Das fertige Herz wird in der Topfmitte befestigt.

(Weiter auf Seite 26)

(Fortsetzung von Seite 24)

Das Herz bemalen Sie mit goldener Acrylfarbe, Krakeliermedium und zuletzt mit cremefarbener Acrylfarbe. Lassen Sie die Farbflächen gut trocknen, bevor Sie die nächste Farbschicht auftragen.
Schneiden Sie nun sechs kleine Engel aus der Serviette „Little Angels" aus und kleben Sie diese auf das Herz.
Das fertige Herz befestigen Sie am Topf, und zwar in der Mitte des Efeuherzes.

Kerze

- ❑ Serviette *„Angel's Song"*, bordeaux
- ❑ Stumpenkerze, hellgrau, 8 cm ø, 20 cm hoch

Schneiden Sie ein Motivfeld aus der Serviette „Angel's Song" aus und befestigen Sie es auf der Kerze.
Achtung: Bügeln Sie das Motiv hier nicht auf, sondern föhnen Sie es fest. Denn sonst schmilzt das Kerzenwachs.

Christbaumkugeln

- ❑ Serviette *„Little Angels"*, silber
- ❑ Christbaumkugeln, hellgrau, 10 cm ø
- ❑ Weißleim mit Glitter, z.B. Sparkle Mod Podge

Schneiden Sie die kleinen Engel aus der Serviette aus. Dann fixieren Sie die Motive mit Leim vorsichtig auf den Kugeln. Zuletzt bestreichen Sie die Engelsmotive mit Glitter-Weißleim. Das gibt den Christbaumkugeln einen festlich glänzenden Effekt.

Freche Eisbären

- ❑ Serviette „Polar Bear“, rot
- ❑ Weißleim, z.B. Mod Podge
- ❑ Klarlack

Sterne

- ❑ Sternstecker aus Holz, groß und klein
- ❑ Stern aus Pappe, 25 cm groß
- ❑ Acrylfarbe, rot

Schneiden Sie Serviettenmotive aus. Bestreichen Sie jeweils eine Seite der Sterne mit Leim und bügeln Sie die Serviettenstücke auf. Überstehende Enden werden mit der Schere abgeschnitten. Bearbeiten Sie die anderen Seiten der Sterne genauso.
Malen Sie die Stiele der Sternstecker mit roter Acrylfarbe an.

Kerze und Kerzenständer

- ❑ Stumpenkerze, creme, 5 cm ø, 19 cm hoch
- ❑ Holzstern mit Loch, 16,5 cm groß
- ❑ Krakelierlack
- ❑ Acrylfarbe, grün
- ❑ Acrylfarbe, gold

Schneiden Sie den Weihnachtsbaum in Form eines Dreiecks aus und verzieren Sie die Kerze zusätzlich mit zwei 1,5 cm breiten Streifen vom Rand der Serviette.
Achtung: Bügeln Sie das Motiv hier nicht auf, sondern föhnen Sie es fest. Denn sonst schmilzt das Kerzenwachs

Den Kerzenständer bemalen Sie mit grüner Acrylfarbe. Anschließend tragen Sie eine Schicht Krakeliermedium auf. Nachdem das Medium getrocknet ist, bemalen Sie den Stern mit goldener Acrylfarbe. Schneiden Sie danach drei kleine Eisbärmotive aus der Serviette aus und kleben Sie diese auf.

Vase

- ❑ Terrakotta-Vase, 12 cm ø, 21 cm hoch

Für die Vase schneiden Sie einen 13 cm langen und 5 cm breiten Serviettenstreifen aus. Auf dem Streifen sollten zwei Eisbären sein, die hintereinander herlaufen. Den unteren Topfrand verzieren Sie mit einem 1,5 cm breiten Streifen vom Rand der Serviette.

Einfach stimmungsvoll

Kerzenglas

- ❏ Serviette *„Zimtkranz"*, rot
- ❏ Kerzenglas
- ❏ Windowcolor-Farbe, kristallklar
- ❏ Prospekthülle

Zuerst schneiden Sie den Kranz aus der Serviette aus. Dann streichen Sie eine Prospekthülle, ungefähr in der Größe des Motivs, dünn mit Windowcolor ein. Anschließend drücken Sie das Motiv in diese Farbe. Verwenden Sie nur die oberste Lage der Serviette. Dann überziehen Sie das Motiv erneut mit einer Schicht Windowcolor. Lassen Sie die Farbe nun zwei bis drei Tage lang trocknen, bevor Sie die überstehende Windowcolor-Farbe abschneiden. Der ausgeschnittene Zimtkranz kann auf ein Kerzenglas geklebt werden. Das Motiv ist jederzeit ablösbar, ohne Rückstände am Glas zu hinterlassen.

Teller

- ❏ Serviette *„Christmas Cookies"*, gold
- ❏ Holzteller, 26 cm ø
- ❏ Krakeliermedium
- ❏ Acrylfarbe, grün
- ❏ Acrylfarbe, gold
- ❏ Weißleim, z.B. Mod Podge
- ❏ Weißleim mit Glitter, z.B. Sparkle Mod Podge
- ❏ Klarlack

Bemalen Sie den Teller mit grüner Acrylfarbe. Lassen Sie die Farbe trocknen, bevor Sie den Teller mit Krakeliermedium bestreichen. Nachdem das Medium getrocknet ist, folgt eine Schicht Acrylfarbe in Gold.
Schneiden Sie aus der Serviette das abgebildete Motiv aus und bekleben Sie damit den Teller. Allerdings verwenden Sie für die letzte Schicht Leim Weißleim-Glitter.

Dose

- ❏ Serviette *„Roseleaf"*, grün
- ❏ Pappdose mit Schleife, 12,5 cm ø
- ❏ Acrylfarbe, rot
- ❏ Weißleim, z.B. Mod Podge
- ❏ Klarlack
- ❏ Cutter

Bekleben Sie die Dose mit den ausgeschnittenen Serviettenstücken. Sparen Sie dabei die Schleife aus.
Wenn Sie die Serviette auf dem Deckel mit der Spitze des Bügeleisens aufbügeln, dann ist es einfacher. Mit einem Cutter schneiden Sie die überstehenden Serviettenenden an der Schleife entlang ab.
Zuletzt malen Sie die Schleife mit roter Acrylfarbe an.

Sternenhimmel

- Serviette *„Moon“*, blau
- Weißleim, z.B. Mod Podge
- Klarlack

Dose

- Dose „Stern“, 18 cm groß
- Acrylfarbe, silber

Bemalen Sie den Dosen- und den Deckelrand mit silberner Acrylfarbe.
Schneiden Sie drei Sterne und zwei Monde aus der Serviette aus und befestigen diese auf dem Dosenrand. Auf den Deckel bügeln Sie ein Stück Serviette auf, deren überstehende Enden Sie mit einer Schere abschneiden.

Tüte

- Tüte aus Pappe, 19 cm hoch, 17 cm breit

Bemalen Sie den oberen Teil der Tüte mit silberner Acrylfarbe.
Die Serviette schneiden Sie entlang des oberen Randes in Wellenlinie aus und befestigen Sie auf der Tüte.